Todos los libros de Linkgua Ediciones cuentan con modelos de Inteligencia Artificial entrenados por hispanistas. Pregúntale al chat de tu libro lo que desees acerca de la obra o su autor/a.

Para ebooks: Accede a nuestro modelo de IA a través de este enlace.

Para libros impresos: Escanea el código QR de la portada con tu dispositivo móvil.

Obtén análisis detallados de nuestros libros, resúmenes, respuestas a tus preguntas y accede a nuestras ediciones críticas generativas para una experiencia de lectura más enriquecedora.
La transparencia y el respeto hacia la autoría de las fuentes utilizadas son distintivos básicos de nuestro proyecto. Por ello, las respuestas ofrecen, mediante un sistema de citas, las fuentes con las que han sido elaboradas.

Gonzalo de Berceo

# Aquí escomienza el duelo

Barcelona 2024
Linkgua-ediciones.com

# Créditos

Título original: Aquí escomienza el duelo.

© 2024, Red ediciones S.L.

e-mail: info@linkgua.com

Diseño de cubierta: Michel Mallard

ISBN rústica: 978-84-9816-241-7.
ISBN ebook: 978-84-9897-120-0.

# Sumario

# Brevísima presentación

## La vida

Gonzalo de Berceo (Berceo, Logroño, 1195-d. 1264). España.

Pertenece a la tradición literaria llamada «mester de clerecía», integrada por eclesiásticos y hombres de letras. Se educó en el monasterio de San Millán de la Cogolla (La Rioja), en el que ofició como clérigo secular, y fue más tarde diácono (c. 1120) y presbítero (c. 1237).

# Aquí escomienza el duelo

1. En el nomne preçioso de la Sancta Reyna,
De qui nasçió al mundo salut e meleçina,
Si ella me guiasse por la graçia divina,
Querria del su duelo componer una rima.

2. El duelo que sufrió del su sancto criado,
En qui nunqua entrada non ovo el peccado,
Quando del su conviento fincó desemparado:
El que nul mal non rizo, era muy mal iuzgado.

3. Sant Bernalt un buen monge de Dios mucho amigo
Quiso saber la coita del duelo que vos digo;
Mas él nunqua podio buscar otro postigo,
Si non a la que disso Gabriel: Dios contigo.

4. Non una vez ca muchas el devoto varon,
Vertiendo vivas lagrimas de firme corazon
Façie a la Gloriosa esta petiçion,
Que ella enviasse la su consolaçion.

5. Diçie el omne bueno de toda voluntat:
Reyna de los çielos de grant autoridat,
Con qui partió Messias toda su poridat,
Non sea defeuzado de la tu piedat.

6. Toda sancta eglesia fará dent grant ganançia,
Abrá maior verguenza ante la tu substançia,
Sabran maiores nuevas de la tu alabançia
Que non renunçian todos los maestros de França.

7. Tanto podió el monge la razon afincar
Que ovo a los çielos el clamor a purar:
Disso Sancta Maria: pensemos de tornar,
Non quiere esti monge darnos ningun vagar.

8. Desçendió la Gloriosa, vino a la posada
Do oraba el monge la capiella colgada:
Dissoli: Dios te salve, la mi alma lazdrada,
Por a ti dar confuerto e fecha grant llamada.

9. Duenna, disso el monge: si tu eres Maria,
La que de las tus tetas mamantest a Messia,
Io a ti demandaba, en esso contendia,
Ca toda en ti iaçe la esperanza mia.

10. Fraire, disso la duenna, non debdes en la cosa:
Io so donna Maria de Iosep la esposa:
El tu ruego me trae apriessa e cueitosa,
Quiero que compongamos io e tu una prossa.

11. Sennora, diz el monge: io bien so sabidor
Que toccar non te puede tristiçia nin dolor,
Ca eres en la gloria de Dios nuestro sennor;
Mas tu busca conseio, fesme esta amor.

12. Ruegote que me digas luego de las primeras:
Quando Christo fo presso si tu con elli eras?
Tu commo lo catabas, o con quales oieras,
Ruegote que lo digas por algunas maneras.

13. Fraire, disso la duenna: esme cosa pessada

Refrescar las mis penas, ca so glorificada;
Pero la mi fetila non la he oblidada,
Ca en el corazon la tengo bien fincada.

14. Nin vieio nin mançebo, ni muger maridada
Non sufrió tal laçerio nin murió tan lanzdrada,
Ca io fui biscocha, et fui bisassada:
La pena de Maria nunqua serie asmada.

15. El dia de la çena quando fuemos çenados,
Prissiemos Corpus Domini, unos dulçes bocados:
Fizose un roido de peones armados,
Entraron por la casa commo endiablados.

16. El pastor sovo firme, non dessó la posada,
La grey de las oveias fo toda derramada,
Prisieron al Cordero essa falsa cruzada;
Guiandolos el lobo que príso la soldada.

17. Con esta sobrevienta que nos era venida,
Perdi toda la sangre, iógui amodorrida:
Ouerria seer muerta mas que sofrir tal vida:
Si muerta me oviessen, ovieranme guarida.

18. Ouando cobré el sesso, catem a derredor,
Nin vidi los disçipulos, nin vidi al pastor:
Lo de primas fue queta, mas esta muy maior,
Non havia conseio de haver nul sabor.

19. Fuí en pos los lobos que al pastor levaban
Reptandolos a firmes porque a mi dessaban:
Ellos por las mis voçes tres agallas non daban,

Ca por lo que vinieran con recabdo tornaban.

20. Façien planto sobeio las hermaniellas mías,
Ambas batien sus pechos sobre las almesias,
Andaban aiulando fueras por las erias,
Del mi fiio dulçissimo ambas eran sus tias.

21. María la de Magdalo delli non se partie,
Ca fuera io, de todas ella maes lo querie:
Façie amargo duelo, maior non lo podrie,
todas quebrantaba lo que ella façie.

22. Quando todas las otras avien queta tan fiera,
Qui asmarie la queita de la que lo pariera?
Io sabia el pleito qui fo, o don viniera,
Ca de la leche misma mía lo apaçiera.

23. Pararonlo en bragas, tollieronli la saia,
Todos por una boca ti diçien baia baia:
Quebrantaba los sabados: qual mereçió, tal haia:
Será enforcado hasta la siesta caya.

24. Fiçieron grant crueza los falsos desleales,
Dabanli azotadas con asperos dogales,
Corrienli por las cuestas de sangre regaiales,
Lazdraba en comedio io de tiemblas mortales.

25. Al fezo mas peor esa gent rehertera:
Calcaronli espinas redor de la mollera,
Pusieronli en mano çeptro de canna vera
Diçien: ave rex noster, lo que elli se era.

26. Nunqua podie el omne por grant cueita morir:
Io pidia la muerte, non me queria venir,
Io a todo mi grado non queria vevir;
Mas non queria mi ruego Domni Dios reçibir.

27. Sufrie el sennor bueno el martirio de grado,
Ca lo habie por esso el padre embiado:
El oraba por ellos maguer que soverivado,
Que non lis demandase Domni Dios el pacado.

28. Io mesquina estaba catando mío Fiiuelo,
Batiendo mies massiellas, rastrando por el suelo:
Otras buenas mugeres façient muy grant duelo
Con las mis hermanas que io contarvos suelo.

29. lo cataba a elli porque tanto lazdraba,
E él cataba a mi que tanto me quesaba:
Entre todas las cueitas a mi non oblidaba,
Quando io daba voçes, elli bien me cataba.

30. El mi Fiio preçioso sennor de grant imperio
Mas se dolie de mi que non de su laçerio,
Façie complida-mientre todo su ministerio,
Commo nos lo demuestra el Santo Evangelio.

31. Non querien los iudios las manos sangrientar,
Ca lei lis mandaba tal sacrilegio far,
Ca ia era meydia, o ia querie passar:
Dieronlo a los moros que lo fuesen colgar.

32. Tomaronlo los moros en un dogal legado,
Sacaronlo de la villa bien fuera del mercado,

Echaronli a cuestas un madero pesado,
Ende fue la cruz fecha en que él fue aspado.

33. Pusieronlo ayna en la cruz los paganos,
Cosieronli con clavos los piedes e las manos,
Façient muy grant crueza commo cruos villanos.
Ont oi ellos ploran, e rien los christianos.

34. Io con rabia de Fiio estabali çerquiella,
La cabeza colgada, triste, mano en massiella,
Andabame delante la companna negriella;
Pero non me echaba ninguno al oriella.

35. Estaba estordida, non podia fablar,
Con la rabia del Fiio non podia folgar,
Ca era un mal muesso pesado de tragar,
Mas que la sierva cruda que es un mal maniar.

36. Estando en la cruz la santa creatura
Tendió a todas partes la su dulz catadura:
Vío a mi mezquina triste con grant cochura,
Clamando: Fiio Fiio, a una grant pressura.

37. Vío al su disçipulo que él mucho amaba,
Fiio de Zebedeo, vío commo ploraba,
Diom a él por Fiio ca mucho li costaba,
A mi a él por Madre, trabónos con tal traba.

38. Estando en la cruz los brazos bien tirados
Non por mal que él fezo, mas por nuestros pecados,
Disso que havie sede, los labros dessecados,
Ca havie grant cobdiçia de salvar los errados.

39. Quando esta palabra udieron los trufanes,
Que sedien mas rabiosos que carniçeros canes,
Abrieron grandes bocas commo unos alanes,
Dieronli mal bebraio commo malos e chanes.

40. Dieronli mal bebraio amargo sin mesura,
Fiel vuelta con vinagre, una crua mixtura:
El non lo quiso tragar, ca era cosa dura,
Todo fincó en ellos e en la su natura.

41. Façien los alevosos mucha alevosia,
Lo que revolvien ellos io todo lo vedia,
Lazdraba el maestro e ploraba Maria,
Ambos uno por otro avien amargo dia.

42. Façien otro escarnio essa gent renegada:
Vendabanli los oios que non vidiesse nada,
Dabanli los garzones quisque su pescuzada,
Diçien: adruna, Christo, qui te dió la colpada.

43. Fraire, non contendamus en tan luengo rodeo,
Ca vos bien lo leedes todo esti torneo:
Todo iaz en el libro que fizo Sant Matheo,
E en ei de Iuan fiio de Zebedeo.

44. Conviene que fablemos en la nuestra privanza
Del pleito del mi duelo, de la mi mal andanza,
Commo sufri martirio sin gladio e sin lanza,
Si Dios nos aiudara fer una remembranza.

45. Fraire, verdat te digo, debesme tu creer:

Querrie seer muerta mas que viva seer;
Mas al Rey del çielo nol cadió en plaçer,
Oviemos del absinçio larga-mente a beber.

46. Con rabia del mi Fiio, mi padre, mi sennor,
Mi lumne, mi confuerto, mi salut, mi pastor,
Mi vida, mi conseio, mi gloria, mi dulzor,
Nin avia de vida nin cobdiçia nin sabor.

47. Tant era la mi alma cargada de tristiçia.
Non avia de vida nin sabor nin cobdiçia,
Qui fablarme quissiesse palabras de letiçia.
Non serie de buen sesso, nin sabrie de iustiçia.

48. Vediendo al mi Fiio seer en tal estado,
Entre dos malos omnes seer cruçifigado,
El mal non mereçiendo seer tan mal iudgado,
Ia nunqua podie seer mi corazon pagado.

49. Vedia correr sangre de las sus sanctas manos,
Otrosí de los piedes, ca non eran bien sanos:
El costado abierto, paresçian los livianos,
Façiendoli boçines iudios e paganos.

50. Iudios e paganos vençiendoli boçines,
Dando malos respendos commo malos roçines,
Tenian mal afectadas las colas e los clines,
Cantando malas viesperas e peores matines.

51. Matandome el Fiio a tan grant traiçion,
Commo podria pagado seer mi corazon?
Compraronlo primero del de su criazon,

Mataronlo en cabo, dieronli grant passion.

52. De pies e de manos corria la sangre viva,
Sangrentaba la cruz de palma e de oliva,
Echabanli en rostro los malos su saliva,
Estaba muy rabiosa la Madre captiva.

53. Corrie delli la sangre a grandes zampunuelos,
Resçibiala la Madre en muy blancos lenzuelos,
Dexaron heredat bien de estonçes los abuelos,
Que combrán agraçes siempre los netezuelos.

54. En quanto mas de penas daban al mi sennor,
Tanto la mi almiella sufria cuita maior:
Façia a menudo preçes al Criador
Que me diesse la muerte, ca me seria meior.

55. Façia a menudo preçes multiplicadas,
Non podria tal muerte soffrir tantas vegadas:
Querria en la tiesta levar grandes mazadas
Mas que soffrir las cuitas, tantas eran granadas.

56. Diçia a los moros: gentes fee que debedes,
Matat a mi primero que a Christo matedes:
Si la Madre mataredes, maior merçet abredes:
Tan buena creatura, por Dios, non la matedes,

57. Diçia a los iudios: parientes e amigos,
Una natura somos de los padres antigos:
Reçebit el mi ruego e los mis apellidos,
Matatme, si veades, criados vuestros fiios.

58. Si veades criados los que engendrastes,
E logredes los cuerpos porqui mucho lazdrastes,
Que soltedes el cuerpo que de Iudas comprastes,
Feçistes mal de la Madre que non la matastes.

59. Si ante me oviessedes muerta o soterrada,
O en fuego metida, o en pozo echada,
Abriadesme guarida, ca non sintrie nada,
Non serie tan cocha oi, nin tan asada.

60. Feliçes son las madres e de buena ventura
Que non veden de fiio tal mal nin tal cochura;
Pero non asmarie nadi la mi rencura,
Ca nunca parió Madre Fiio de tal natura.

61. Fiio de tal natura de Madre non nasçió:
Demas, mal nunca fizo nin mal non mereçió,
Siempre derecho fizo, derecho cobdiçió,
Nunca tal creatura babtismo resçibió.

62. Nunca tal creatura podio omne veer:
Siempre buscó a todos ganançia e plaçer,
A malo nin a bueno non tollio su haber,
Nin nunca a mal dicho non quiso responder.

63. Porque lo denostaban tanto era mesurado,
El non recudia nada, estaba bien quedado:
Omne de la su boca nunca fue denostado,
Non fue de la su graçia ninguno repoiado.

64. Nunca repoió omne justo nin pecador
Que non li dió conseio el complido sennor:

A que de comer ovo copdiçia o sabor,
Çevólo a su guisa muy de buen amor.

65. Los que venien enfermos de salut deseosos,
Enviabalos sanos, alegres e gozosos:
De fechos e de dichos tenialos tan viçiosos,
Que de tornar a elli estaban cobdiçiosos.

66. Los sos sanctos sermones eran tan adonados,
Sanaban los enfermos, soltaban los pecados,
Çevaban los aiunos, guiaban les errados:
Quantos que los oien todos eran pagados.

67. Maguer los fariseos non lo querian creer,
A las sus questiones non podian responder:
Si en alguna cosa lo querien deprender,
¡Quomo se sabie dellos guardar e defender!

68. Bien vos lo contarie María Magdalena,
Quomo la reçibió estando a la çena:
Non cató a sus yerras do venie bien plena.
Perdonoielas todas e soltóli la pena.

69. Nunqua omne coitado lo vino a veer
Que non trovó conseio qual li fue menester:
En él havien conseio los que querien comer,
Non havien nulla mengua si non traien haver.

70. El Sennor piadoso sobre todo lo al,
Resusçitó los muertos el Sennor natural:
A los que él bien fezo commo padre leal,
Essos ti buscaron de echarlo a mal.

71. En logar de buscarli serviçio e amor
Buscaronli bulliçio e toda desonor:
Buscaronli en cabo muerte que es peor,
Fiçieron las oveias despessar al pastor.

72. Fiçieron las oveias al pastor enforcar,
A Barraban pidieron digno de iustiçiar,
A su rey misme fiçieronlo damnar,
Ovi io dura-mientre por ello a lazdrar.

73. Ai Fiio querido sennor de loS sennores!
Io ando dolorida, tu pades los dolores;
Dante malos serviçios vasallos traydores:
Tu sufres el laçerio, io loS malos sabores.

74. Fiio el mi querido de piedat granada,
Por qué es la tu Madre de ti desemparada?
Si levarme quisieses seria tu pagada,
Que fincaré sin ti non bien acompannada.

75. Fiio, çerca de ti querria io finar,
Non querria al sieglo sin mi Fiio tornar:
Fiio Sennor e Padre, denna a mi catar:
Fiio ruego de Madre no1 debe rehusar .

76. Fiio dulz e sombroso, tiemplo de caridat,
Archa de sapiençia, fuente de piedat,
Non desses a tu Madre en tal soçiedat,
Qua non saben conoçer mesura nin bondat.

77. Fiio, tu de las cosas eres bien sabidor,

Tu eres de los pleitos sabio avenidor,
Non desses a tu. Madre en esti tal pudor
Do los sanctos enforcan e salvan al traydor.

78. Fiio, siempre oviemos io e tu una vida,
Io a ti quissi mucho, e fui de ti querida:
Io siempre te crey, e fui de ti creyda,
La tu piadat larga ahora me oblida.

79. Fiio, non me oblides e lievame contigo,
Non me finca en sieglo mas de un buen amigo,
Iuan quem dist por fiio, aqui plora conmigo:
Ruegote quem condones esto que io te digo.

80. Ruegote quem condones esto que io te pido,
Assaz es pora Madre esti poco pidido:
Fiio, bien te lo ruego, e io te me convido
Que esta petiçion non caya en oblido.

81. Recudió el Sennor, dixo palabras tales:
Madre, mucho me duelo de los tus grandes males,
Muevenme tos lagrimas, los tus dichos capdales,
Mas me amarga esso que los colpes mortales.

82. Madre, bien te lo dixi, mas aslo oblidado,
Tuelletelo el duelo que es grant e pesado.
Porque fui del Padre del çielo enviado
Por reçibir martirio, seer cruçifigado.

83. Madre, tu bien lo sabes de omnes bien çerteros
De qual guisa pecaron los parientes primeros,
Commo los deçibieron los diablos arteros

Diçie dolis mentiras los malos losengeros.

84. Perdieron paraiso e perdieron la vida,
Toda su generaçion por ellos fue perdida,
La puerta del buen uerto luego fue concluida,
Nunqua fue mas abierta fasta la mi venida.

85. Todos fueron al tartaro por general sentençia,
Hi ioguieron çerrados en luenga pestilençia,
Non podieron quitarse por nulla penitençia;
Pero alquantos delos avien buena creençia.

86. El Padre de los çielos de grant podestadia,
De grant misericordia e de grant connoçia
Membroli de las almas de la su confradia,
Non quiso que ioguiessen en tal enfermeria.

87. Non quiso que ioguiessen en tan pudio valleio,
Do façen los diablos mucho suçio trebeio:
Envió a su Fiio angel de grant conseio
Que los cambiase ende en otro logareio.

88. Madre, la poridat tu la sopist primero,
Gabriel te la disso esi buen messagero,
Tu bien la encobriste en el tu buen çelero,
Bien atesti las claves en el tu buen çintero.

89. Madre, agora somos en ora de rancar,
Qua ia los enemigos quieren cuestas parar:
Madre, cógi esfuerzo, non quieras dessarrar:
El planto que tu façes puedenos estorvar.

90. Madre, tu plena eres de graçia espirital:
Madre eres de Fiio preçioso e cabdal:
Plegate a ti esto que sufro io tal mal,
Qua esto non lo puede guareçer otra sal.

91. Otra guisa non puede esti mal guareçer
Nin por otro escanto, nin por otro saber,
Fuera por esti vaso que debemos beber:
Io e tu Madre mia, nol podemos verter.

92. Yo e tu, Madre mia, lo debemos gostar,
Io sufriendo las penas e tu el grant pesar:
Deben todas las gentes por ende te loar,
Lazdrar tu e tu Fiio por las almas salvar.

93. Madre, será aina el vaso agotado,
Lo que mandó el padre aina recabdado,
Los vivos e los muertos todos nos abrán grado,
Será el tu grant planto en grant gozo tornado.

94. Si io el vaso bebo commo me es mandado,
Satan será venzudo, el Patre mi pagado,
Saldran Adan e Eva el con viento ondrado
De fondon del infierno a todo su mal grado.

95. Lo que Caifás disso, boca tan enconada,
Non de voluntat buena, e de paz bien menguada,
Por nos es a complir todo esta vegada;
Mas non ganará ende Caifás grant soldada.

96. Debo a los infiernos io por mi desçender,
A Sant Juan el Baptista la dubda li toller,

Cuidolis dar tal muesso, tal bocado prender,
De que siempre se duelan e aian que planner.

97. Querré end trasladar los que bien me quisieron,
Darlis meior posada, ca bien la mereçieron,
Abrir las sanctas puertas que çerradas sovieron,
Volver omnes e angeles que nunqua se volvieron.

98. Madre, cata mesura, atiempra mas to planto:
Madre, por Dios te sea, non te crebrantes tanto.
A todos nos crebantas con essi tu quebranto:
Madre, que tu lo hagas por Dios el Padre sancto.

99. Disso la Madre: Fijo, lo que vos me fablades,
Quomo de muert a vida asi me revisclades,
Con esso que diçides mucho me confortades,
Qua io bien veo que vos por todos nos lazdrades.

100. Por todos nos lazdrarles. Fijo, sobre mesura,
Vos bebedes por todos vinagre e amargura,
Fecheslo por salvar la humanal natura,
Que avie luengos tiempos que sufrie grant rencura.

101. Avie commo leemos, luengos tiempos passados,
Bien v. mil annos, e los çiento doblados
Que iustos e iniustos iaçien todos mesclados;
Pero non eran todos egual-mientre lazdrados.

102. Sennor, tu los connoçes quales son de sacar,
O quales son perdidos que deben y fincar:
Sennor, tu que lo sabes todo determinar,
Acorri a los tuios los que veniste buscar.

103. Fijo, hyt suelta-mientre allá do ir queredes,
Que en est martirio tan mucho non lazdredes:
Requerit las oveias las que menos avedes;
Mas con todas las priessas a mi non oblidedes.

104. Acorred a la Madre, non finque oblidada,
Qua vos bien entendedes commo está lazdrada:
Fiio, si de vos fuere assin desemparada,
Avrá de mi venganza esta gent renegada.

105. Fijo, non vos podemos nos estorvar la ida,
Ca la vuestra cruzada serie mal esperdida;
Ca todos vos esperan que avrán por vos vida,
Mas tardarse nos a nos la vuestra venida.

106. Si la vuestra venida non fuere presurada,
Que dedes recodida a la vuestra mesnada,
A mi fallarme pueden de cueyta enfogada,
Qua non prendré buen sueno hasta vuestra tornada.

107. Madre, disso el Fijo, de oy a terçer dia
Seré vivo contigo, verás grant alegria,
Visitaré primero a ti, Virgo Maria,
Desende a don Peidro con la su compannia,

108. Madre, de ti con tanto me quiero despedir,
Todo te lo e dicho lo que he de deçir,
Inclinó la cabeza commo qui quier dormir,
Rendió a Dios la alma, e dessóse morir.

109. Quando rendió la alma el Sennor glorioso,

La gloriosa Madre del merito preçioso
Cadió en tierra muerta commo de mal rabioso,
Noli membró del dicho del su sancto Esposo.

110. Noli membró del dicho de su Esposo sancto,
Tanto príso grant cueyta e tan manno crebanto,
Ca nunqua li viniera un tan fiero espanto,
Nin reçibió colpada que li uslase tanto.

111. Nunqua príso colpada que tanto li uslase,
Nin príso nunqua salto que tanto le quemasse:
Los que li sedien çerca por tal que acordasse,
Vertienli agua fria, mas non que revisclasse.

112. Por oios e por cara vertienli agua fria,
Nin por voçes quel daban non recudie Maria,
Que era mal tannida de fiera malatia,
Que non sabien dar físicos conseio de mengia.

113. Non era maravella si la que lo parió
Con duelo de tal Fiio si se amorteçió:
En los signos del çielo otro tal conteçió,
Todos fiçieron duelo quando elli morió.

114. Los angeles del çielo lis façien compannia;
Doliense de don Xpo, doliense de Maria,
El Sol perdió la lumne, oscureçió el dia,
Mas non quiso castigo prender la iuderia.

115. El velo que partie el tiemplo del altar
Partiós en dos partes, ca non podie plorar:
Las piedras porque duras quebraban de pesar,

Los iudios mesquinos non podian respirar.

116. De los sepulcros vieios de antiguas sazones
En qui iaçien reclusos muchos sanctos varones,
Abrieronse por si sin otros azadones,
Revisclaron de omnes grandes generaçiones.

117. Revisclaron muchos omnes de sancta vida,
Derecheros e iustos de creençia complida,
Pareçieron a muchos, cosa es bien sabida,
Ca lo diz Sant Matheo una boca sabrida.

118. Mientre que por el mundo corrien estos roydos:
Los elementos todos andaban amortidos:
Recudi io mesquina a esos apellidos,
Ca cuidabanse todos que serien destruidos.

119. Estonz disso Çenturio un noble caballero,
Disso un testimonio grant e bien verdadero:
Varones, esti pobre omne fo derechero:
De Dios fo enviado, era su mensagero.

120. Fijo era de Dios, delli mucho querido,
Creatura angelica de bondades complido,
Non era pora nos de seer espendido,
Todo esti espanto por esso es venido.

121. Recudi io mesquina bien grant ora troçida,
Clamando Fijo, Fijo, mi salut e mi vida,
Mi lumne, mi conseio, mi bien e mi guarida,
Quando non me fablades agora so perdida.

122. Agora so mesquina e so mal astrada,
Quando mi Fijo caro non me recude nada:
Agora so ferida de muy mala colpada,
Io agora me tengo por pobre e menguada.

123. Fijo, vos vivo sodes, maguer muerto vos veo,
Maguer muerto, vos vivo sodes, commo yo creo;
Mas io finco bien muerta con el vuestro deseo,
Qua io mal estordida en cordura non seo.

124. En la natura sancta que del padre avedes,
Vos siempre sodes vivo, ca morir non podedes;
Mas en esta pobreza que vos de mi trahedes,
Famne, sede e muerte vos ende lo cojedes.

125. Fijo, por qué dessades vuestra Madre vevir,
Quando presto aviedes vos de en cruz morir?
Fijo non lo debiedes vos querer nin suffrir
Que io tanto lazdrasse en la muerte pedir.

126. Fijo, quando naçiestes nunqua sentí dolores,
Nin sentí puntas malas nin otros desabores:
Quando traíen los ninnos los falsos traydores,
En Egipto andabamos commo grandes sennores.

127. Fijo de salto malo siempre me defiendiestes,
Que io pesar prisiese vos nunqua lo quisiestes,
Siempre a vuestra Madre piedat li oviestes;
Mas contra mi agora muy crudo ysiestes.

128. Quando a vos de muerte non queriedes guardar,
Fijo, a mi debiedes delante vos levar,

Que de vos non vidiese io tan manno pesar:
Fijo en esto solo vos he porque reptar.

129. Fijo, en esto solo io reptarvos podria;
Pero, maguer lo digo, fer non lo osaría;
Mas a todo mi grado io mucho lo querría,
Qua non sabe nul omne qual mal escusaria.

130. Non lo sabrie nul omne comedir nin fablar,
Nin io que lo padesco non lo se regunzar:
El corazon e preso, non lo puedo contar,
El mi Fijo lo sabe, si quisiese fablar.

131. El mi Fijo lo sabe, tienelo ençelado,
Qual mal e qual laçerio sufro por mi criado:
El sea benedicto quomo Fijo onrrado,
Que el Padre non quiso quel fuese despagado.

132. El viernes a la tardi, el meydia pasado,
Çerca era de nona, el Sol bien encorvado,
Joseph un omne bono fo al adelantado,
Pidió el cuerpo sancto, ca ia era fincado.

133. Pidió el santo cuerpo por darli sepultura,
Quomo al omne muerto lo manda la natura:
Pilato otorgoielo, cató toda mesura:
Si Dios me bendiga, fezo grant apostura.

134. Fezo grant apostura el que ie lo pidió;
Mas non menos Pilato que de grado lo dió:
El uno, ellotro gualardon mereçió;
Mas de ambos el uno mas gelo gradeçió.

135. A ambos lo gradesca Dios el nuestro sennor,
Qua ambos fueron bonos, mas el uno meior;
El que li dió el tumulo plecteó non peor,
El merito del otro creo que fo menor.

136. Demientre que don Iosep esto al recabdaba,
Io lazdraba mesquina, de plorar non çesaba,
Reptaba al mi fijo porque non me fablaba,
Io bien me entendia que sin seso andaba.

137. De çerca de la cruz io nunqua me partia,
Lo que ellos revolvien io todo lo vedia,
Io cataba a todos, e todos a Maria,
Tenieme por sin seso del planto que façia.

138. Abrazaba la cruz hasta do alcanzaba,
Besabali los piedes, en eso me gradaba,
Non podia la boca, ca alta me estaba,
Nin façia las manos que io mas cobdiçiaba.

139. Diçia: ay mesquina, que ovy de veer!
Cay en tal çelada que non cudé cayeer,
Perdido he conseio, esfuerzo e saber,
Ploren bien los mis oios, non çesen de verter.

140. Bien ploren los mis oios, non çesen de manar,
El corazon me rabia, non me puede folgar,
Açiago es oy, bien nos debe membrar,
Los siervos de mi Fijo debenlo bien guardar.

141. A los del nuestro vando miembrelis esti día,

Día tan embargoso, tan sin derechuria,
Dia en qui yo pierdo mi Sol, Virgo María:
Dia que el Sol muere, non es complido día.

142. Día en qui io pierdo toda mi claridat,
Lunne de los mis oios e de toda piadat,
Ploran los elementos todos de voluntat:
lo mesquina si ploro, non fago liviandat.

143. Io mesquina si ploro, o si me amortesco,
O si con tan grant cueyta la vida aborresco,
Non sé porque me viene, ca io non lo meresco;
Mas a Dios por quien vino, a él ielo gradesco.

144. Fijo, que mas alumnas que el Sol nin la Luna,
Que gobernabas todo iaçiendo en la cuna,
Tu, sennor que non quieres perder alma ninguna,
Miembrete commo fago de lagremas laguna.

145. Miembrete las mis lagremas tantas commo io vierto,
Los gemidos que fago, ca non son en cubierto:
Tu penas e io lazdro, non fablo bien en çierto,
Qua tuelleme la fabla el dolor grant sin tiento,

146. El dolor me embarga, non me dessa fablar,
Qui bien me entendiese non me debie reptar,
Qua quant grant es el dueno, e quant grant el pesar,
La que tal Fijo pierde lo puede bien asmar,

147. Quando don Ioseph ovo el cuerpo acabado,
Dissoli a Pilato: de Dios ayas buen grado
Tornós luego al cuerpo que estaba colgado,

Dando en su cabeza con el punno çerrado.

148. Fiçiemos muy grant duelo los que y estidiemos,
Reffrescamos el planto quanto meior podiemos,
Non era maravella si grant duelo fiçiemos,
Qua mal muesso tragamos, e fuer vaso bebiemos

149. Todos plannien afirmes, cada uno ploraba;
Mas la que lo pariera mesura non tomaba:
Io mesquina con todos corría e saltaba,
Qua la rabia del Fijo las telas me taiaba,

150. El de Abarimathia que lo avie ganado,
Clamó a Nichodemus varon bien acabado:
El uno li tenie el cuerpo abrazado,
El otro li tiraba el clavo remazado.

151'. El Sennor que non façe nulla cosa en vano,
Tiraronli primero el de la diestra mano:
Abasóli un poco, fezose mas liviano,
Semeióme a mi que desçendió al plano.

152. Fizo en cuentra mi la primera venida:
Io quando esto vidi, tóvime por guarida,
Traveli de la mano, maguer que estordida,
Diçiendo: ay fijo la mi dulzor complida!

153. Príso la mano diestra que alcanzar podia,
La otra tan a mano aun non la tenia:
Io besabali essa, e essa li sufria:
A Ioseph aiudaba e en esso contendia.

154. Estos varones ambos el cuerpo desçendieron,
Cubrienronlo con ropa, en tierra lo pusieron,
Con unguento preçioso la carne li ungieron,
Fiçieronli obsequio quanto meior sopieron.

155. Dieronli essos ambos ondrada sepultura,
Ioseph la avia ante fecha a su mesura,
Quomo la ley manda, dieronli vestidura,
Veia io mesquina amarga assadura.

156. Vedia asadura amarga io mesquina,
Amargos coçineros e amarga coçina:
En titulo en lengua ebrea e latina
En griego la terçera, pan de mala farina.

157. Yo leia las letras commo eran ditadas;
Mas non las entendia, ca eran ençerradas:
Las gentes de revuelta revolvien las obradas,
Façien las cortas luengas, e las angostas ladas.

158. Yo con rabia del Fijo non podia fablar,
Mandaronme que fuese dende a otro lugar
Por amor que oviesse remedio del pesar,
Que en hora estaba de la alma echar.

159. Mandaronme que fuese albergar con Iohan,
Ca él me daria çena de agua e de pan,
I toviese el sabbado otro dia la man,
Ca perderme podria con tamanno affan.

160. Hospedóme Iohan, levóme a posada,
Al que me ovo ante mi fijo comendada:

Non dormí essa noche sola una puntada,
Nin comieron mis dientes sola una bocada.

161. El viernes en la noche fasta la madrugada
Sofrí grant amargura, noche negra e pesada,
Clamando: Fijo, Fijo, do es vuestra posada?
Nunca cuydé veer la luz del alvorada.

162. Amaneçio el sabbado un peçemento día,
Sufriemos grant tristiçia, ninguna alegría,
Compusiemos de planto una grant ledania,
Fiçiemos muy grant duelo Iohanes e María.

163. Las duennas essi dia fincamos tan quebrantadas
Mas que si nos oviessen todas apaleadas:
Non podiamos meçernos, tanto eramos cansadas;
Mas a mi sobre todas me coçian las coradas.

164. Todas façiamos planto e duelo sin mesura;
Mas la que lo pariera soffria maior cochura,
Levaba meior cuyta, tenia maior ardura.
Ca tenia por pitanza amarga asadura.

165. Rodia cruda maiella, amarga pitanza,
Sabiali mas amarga que grant colpe de lanza,
Fuera que non podía morir sin mal estanza,
Ca ella non pidia a Dios otra venganza.

166. A maior mi quebranto e maior mi pesar
Moviose el alfama toda de su logar:
Entraron a Pilato por consejo tomar,
Que non gelo podiesen los disçipulos furtar.

167. Sennor, dixieron ellos, aquel galeador
Que nos revolvía a todos commo grant trufador,
Deçia unas palabras que nos façen pauvor,
Ca traya tal companna qual elli, non meyor.

168. Alavabase elli a la su criazon,
Que a morir avia, tomar en cruz pasion,
Mas que al terçer día saldría de la prision,
Resuçitaria de cabo en mejor condiçion.

169. Sennor, pavor avemos que vernán: sus criados
Desque fueremos todos en sabbado entrados,
Furtar nos an el cuerpo, seremos engannados,
Faranse de nos riso, seremos mal errados.

170. Sennor, tu metí guarda, ca debeslo façer,
Que nos en tal escarnio non podamos caer:
Mucho mas nos valdría todos muertos seer
Que de refeçes omnes tal escarnio prender.

171. Farian de nos escarnio e comporrian cançiones,
Ca son omnes maldignos, traviessas criazones,
Poblarían todo el mundo valleios e rençones,
Farian de la mentira istorias e sermones.

I 72. Recudiolis Pilatus a essos gurriones,
Ca bien lis entendía elli los corazones:
Asaz avedes guardas e fardidos peones,
Guardat bien el sepulcro, controbatli cançiones.

173. Los unos digan salmos, los otros lecciones,

Los unos jube dompne, los otros bendiçiones,
............
Pasaredes la noche façiendo tales sones

174. Non dexedes legar a vos otras compannas,
Nin de los sus disçipulos nin de otras estrannas:
Fablatlis dura-mente, menazatlis a sannas,
Deçit que lis faredes yiudas a las nanas.

175. Çerca bien el sepulcro de buenos veladores,
Non sean embriagos nin sean dormidores,
Non lis cala demanana façer otras labores,
Nin vaian esta noche visitar las uxores.

176. Tornaron al sepulcro vestidos de lorigas,
Diçiendo de sus bocas muchas suçias nemigas,
Controbando cantares que non valian tres figas;
Tocando instrumentos, çedras, rotas, e gigas.

177. Cantaban los trufanes unas controvaduras
Que eran a su Madre amargas e muy duras:
Aljama, non velemos, andemos en corduras,
Si non, farán de nos escarnio e gahurras.

Cantica. Eya velar, eya velar, eya velar.

178. Velat aliama de los iudios, eya velar:
Que non vos furten el Fijo de Dios, eya velar.

179. Ca furtarvoslo querran, eya velar:
Andres e Peidro et Iohan, eya velar.

180. Non sabedes tanto descanto, eya velar:
Que salgades de so el canto, eya velar.

181. Todos son ladronçiellos, eya velar:
Que assechan por los pestiellos, eya velar .

182. Vuestra lengua tan palabrera, eya velar:
A vos dado mala carrera, eya velar .

183. Todos son omnes plegadizos, eya velar:
Rioaduchos mescladizos, eya velar .

184. Vuestra lengua sin recabdo, eya velar:
Por mal cabo vos a echado, eya velar.

185. Non sabedes tanto de enganno, eya velar:
Que salgades ende este anno, eya velar .

186. Non sabedes tanta razon, eya velar.
Que salgades de la prision, eya velar.

187. Tomaseio a Matheo, eya velar:
De furtarlo han grant deseo, eya velar.

188. El disçipulo lo vendió, eya velar:
El Maestro non lo entendió, eya velar.

189. Don Fhilipo, Simon e Iudas, eya velar:
Por furtar buscan ayudas, eya velar.

190. Si lo quieren acometer, eya velar:
Oy es dia de paresçer, eya velar.

Eya velar, eya velar, eya velar.

191. Mientre ellos triscaban, diçian sus truferias,
Cosas muy desapuestas, grandes alevosias,
Pesó al Rey del çielo de tan grandes follias
Quomo deçian de Xpo e de sus companhias.

192. Pesoli de su Madre sobre todo lo al
Que li diçian blasfemias, e li diçian grant mal:
Tornolis el depuerto en otro sobernal,
Que non cantaban alto, nin cantaban tuval.

193. Vinolis sobrevienta, un espanto cabdal,
Nin lis veno por armas, nin por fuerza carnal;
Mas vinolis por Dios Sennor spirital,
El que sofrir non quiso de aver su igual.

194. Vinolis tal espanto e tal mala ventura,
Perdieron el sentido e toda la cordura:
Todos caieron muertos sobre la tierra dura,
Iaçian todos revueltos redor la sepultura.

195. Recordaron bien tarde los mal aventurados,
Non vedien de los ojos todos escalabrados.
Feriense unos con otros commo embellinados,
Eran todos los risos en boçedos tomados.

196. Resuscitó don Xpto: Dios tan grant alegrial
Dos soles Deo graçias, nasçieron essi dia:
Resusçitó don Xpto, e la Virgo Maria,
Toda la amargura tornó en alegria.

197. Los gabes e los tozos de los malos truffanes,
Que andaban rabiosos commo famnientos canes,
Non valien sendos rabos de malos gavilanes,
Menos valien que cuchos los bocudos alanes.

198. El seso de los omnes flaco es e menguado,
Non vale contra Dios un tiesto foradado:
Lo al non a rayz e falleçe privado,
Qua lo que Dios ordena esso es ordenado.

199. Erodes bien se quiso affirmes trabaiar
Por al rey mançebo la vida destaiar:
Fizo todos los ninnos de Belleem matar;
Pero al que buscaba non lo podio trobar.

200. La tori de Babilon los que la empezaron,
Mal grado ayan ellos, ca non la acabaron:
Mançebos de mal seso que con Dios se tomaron,
Çempellaron afirmes, nada non recabdaron.

201. Bien se trabaió Saulo que Xpto non regnase,
La fe del Evengelio que non multiplicasse:
Mas la verdat non quiso que mentira sobrase,
E la vertut del çielo so los piedes andasse

202. Mal coçea el bue contra el aguiion,
Qua dánnase el pied, prende grant lision;
Qui arriba escupe, lo que non es razon,
En el rostro li caye abueltas del grinon.

203. Qui con Dios se aprende dura-mientre impetra,
Qua lo diz el Salterio, demuestralo la letra,

Ca mal cae el pied si fiere en la petra:
La ferida del dedo al corazon li entra.

204. Qui a mi escuchare, e creerme quisiere,
Nunqua taie la çima de los piedes toviere:
Quando taiare esa, despues que se moviere,
Non fincará los piedes do el sabor obiere.

205. Reyna de gloria, Madre de piedat,
Sennora de los angeles, puerta de salvedat
Conseio de las almas, flor de grant onestat;
Tu me da connçençia de sancta caridat.

206. Tu eres benedicta carrera de la mar,
En que los peregrinos non puedan periglar:
Tu los guia, sennora, que non puedan errar:
Mientre por ti se guien pueden salvos andar.

207. Madre plena de graçia, tu seas bien laudada,
Tu seas gradeçida, tu seas exaltada,
Tu seas bien venida, tu seas bien trobada,
Que sofriste tal pena a ffuste tan lazdrada.

208. Madre, a ti comendo mi vida, mis andadas,
Mi alma e mi cuerpo, las ordenes tomadas,
Mis piedes, e mis manos, peroque consegradas,
Mis oios que non vean cosas desordenadas.

209. Sennora de los çielos plena de bendiçion,
Abri las tus oreias, udi mi petiçion:
Io ofrir non te puedo ninguna oblaçion;
Mas la tu sancta graçia tenga la mi razon.

210. Madre que a Teofilo que era desperado
Tu li ganesti la graçia del tu sancto criado,
Tu aguisa, sennora, pora mi tal mercado,
Porque nunqua me vea en premia del pecado.

# Libros a la carta

A la carta es un servicio especializado para
empresas,
librerías,
bibliotecas,
editoriales
y centros de enseñanza;
y permite confeccionar libros que, por su formato y concepción,
sirven a los propósitos más específicos de estas instituciones.

Las empresas nos encargan ediciones personalizadas para marketing editorial o para regalos institucionales. Y los interesados solicitan, a título personal, ediciones antiguas, o no disponibles en el mercado; y las acompañan con notas y comentarios críticos.

Las ediciones tienen como apoyo un libro de estilo con todo tipo de referencias sobre los criterios de tratamiento tipográfico aplicados a nuestros libros que puede ser consultado en Linkgua-ediciones.com.

Linkgua edita por encargo diferentes versiones de una misma obra con distintos tratamientos ortotipográficos (actualizaciones de carácter divulgativo de un clásico, o versiones estrictamente fieles a la edición original de referencia).

Este servicio de ediciones a la carta le permitirá, si usted se dedica a la enseñanza, tener una forma de hacer pública su interpretación de un texto y, sobre una versión digitalizada «base», usted podrá introducir interpretaciones del texto fuente. Es un tópico que los profesores denuncien en clase los desmanes de una edición, o vayan comentando errores de interpretación de un texto y esta es una solución útil a esa necesidad del mundo académico.

Asimismo publicamos de manera sistemática, en un mismo catálogo, tesis doctorales y actas de congresos académicos, que son distribuidas a través de nuestra Web.

El servicio de «libros a la carta» funciona de dos formas.

1. Tenemos un fondo de libros digitalizados que usted puede personalizar en tiradas de al menos cinco ejemplares. Estas personalizaciones pueden ser de todo tipo: añadir notas de clase para uso de un grupo de estudiantes, introducir logos corporativos para uso con fines de marketing empresarial, etc. etc.

2. Buscamos libros descatalogados de otras editoriales y los reeditamos en tiradas cortas a petición de un cliente.

www.ingramcontent.com/pod-product-compliance
Lightning Source LLC
Chambersburg PA
CBHW020441030426
42337CB00014B/1338